ÉTUDES POLITIQUES

LE ROI GRIS

ET

LE DAUPHIN ROUGE

PAR

M. ARTHUR PONROY

PRIX : **50** CENTIMES.

PARIS

E. DENTU, éditeur, galerie d'Orléans, Palais-Royal

POITIERS
DAUVIN, rue des Halles

CLERMONT-FERRAND
F. THIBAUD, 10, rue St-Genès

TOULOUSE
DELBOY PÈRE, 70, rue de la Pomme

MARSEILLE
E. LEBON, rue Paradis, 48

1872

LE ROI GRIS ET LE DAUPHIN ROUGE

I.

Si les mots font fortune en France, en voici deux qui ont, ce nous semble, quinte, quatorze et le point pour devenir millionnaires.

Ils passaient dans le vent du jour; ils sont tombés à nos pieds; nous les ramassons en toute hâte pour les mettre à notre chapeau en guise de cocarde blanche.

Nous serions heureux de les avoir inventés, mais ces mots-là ne s'inventent pas, parce qu'ils sont la traduction la plus naturelle, la plus palpitante, la plus nette, la plus décisive qu'il soit possible de souhaiter, des ivresses contradictoires d'une époque qui marche d'une façon vertigineuse vers une explosion prévue, prévue parce qu'elle est nécessaire, et la manifeste résultante d'une longue accumulation de déréglements invétérés.

La France est née, a vécu, s'est développée, a grandi selon les ressorts d'une constitution dont le monarchisme est à ce point vivace, inné, entêté, indélébile que, même les malaises, même les défaillances, même les mensonges du caractère français ne sauraient s'étaler, s'affermir, se faire voir, souffrir, geindre, se tordre, se violenter, sans que ce qui est en eux illusion ne rende hommage à ce qui est réalité, sans que ce qui est aveuglement ne s'incline en toute hâte devant ce qui est lumière.

En France donc, monarchie est la substance, monarchie est la vérité du caractère, l'enclin de la passion, l'âpreté de la tendance Aussi, dès que la monarchie périclite en la pureté, en l'excellence de sa forme, vite elle cherche à se reproduire en mille formes mensongères, monstrueuses et déréglées, et pas un effort, pas un accès du délire de l'anarchie qui tende à autre chose qu'à reproduire, à refaire, à recréer la monarchie.

Et c'est là, ce nous semble, la démonstration sans réplique que la constitution française, que sept cent cinquante maladroits s'imaginent refaire tous les dix ans depuis près d'un siècle, est monarchique par excellence, puisque les désordres les plus effrénés des révolutions n'y tendent et n'y sauraient tendre qu'à monarchiser l'anarchie.

Il en résulte donc que les honnêtes gens qui, en France, s'imaginent être républicains, sont des simples qui ne savent même pas le premier mot de la question qu'ils tranchent avant de l'avoir examinée, tandis que les autres ne sont que de purs gredins, des larrons de sac et de corde qui ne se disent républicains qu'en vue de préparer leur règne, avec un lit de cadavres pour trône, un poignard pour main de justice, le pétrole pour sainte ampoule, et la ribotte pour mot d'ordre suprême attendu par leur honnête progéniture.

Donc, en France, tout ce qui se dit, tout ce qui s'affirme, tout ce qui se croit républicain est le jouet d'une immense illusion, du plus fou de tous les mirages, ou la complicité scélérate de trois cents escarpes tout prêts à s'entre-dévorer dans le cirque où ils tentent de faire, chacun pour soi, souche dynastique, affirmant par là tout au moins la nécessité impérieuse d'une dynastie.

Mais qu'on le remarque bien, dès qu'en semblable matière les choses vont à l'extrême, dès que l'illusion tend à se dissiper, dès que la trame du mensonge se distend et se raréfie, la réalité remonte, rentre en scène et se fait voir, dessinant partout ses formes vives, même et surtout dans les ivresses, dans les soubresauts suprêmes, dans la furieuse agonie de l'illusion.

Et qui ne sent, qui ne confesse, qui n'est prêt à convenir avec nous que depuis deux ans en France la trame de l'illusion républicaine s'en va se déchirant, se divisant, s'émiettant peu à peu au souffle hautain de force vraie et de vie réelle que contient encore la robuste constitution nationale !

En France, de nos jours, tout ce qui est vrai, fort,

sincère, honnête et prévoyant, est monarchique sans rémission.

Tout ce qui, au contraire, est la méchante illusion de l'orgueil sénile, la condescendance ridicule des esprits faux, la complicité inconsciente des esprits faibles, l'instinct jaloux, insolent et pillard des populaces grossières, la convoitise des escarpes de l'avenir, ou la désespérance fâcheuse des escarpes compromis, tout cela est républicain ; mais comme ils sentent bien tous qu'il faut que la révolution triomphe ou meure, et qu'ils ne peuvent, dans l'excès qui les anime et les menace, triompher qu'en se couronnant, ils jettent le masque, ou plutôt le masque tombe, et à côté de ceux qui se sont fait rois, rois plus absolus, plus personnels, plus fantaisistes qu'il n'en fût jamais, voilà qu'entrent en scène les dauphins et les petits des Césars, enragés à mettre hors de cause les Césars qui ne sont pas grands.

Car, en somme et au demeurant, nous invitons la France à réfléchir sur la misérable comédie qui se joue à sa tête depuis deux ans, parce que la comédie nous paraît tourner à la farce violente, tourner *au sang*, selon une expression judicieuse, après avoir fait étalage de l'*autre vice* que nous voulons bien ne pas qualifier.

Mais qu'on nous dépose donc un peu le bilan de ce qu'a fait la République depuis les heureux jours du 4 septembre et du 18 mars ; qu'on nous dise ce que nous devons à cette désignation absolument puérile, absolument ridicule ?

Une Assemblée monarchique a remplacé le Sénat et le Corps législatif de M. Bonaparte empêché.

Puis un pouvoir personnel, dictatorial, absolu, s'est insinué, infiltré en tête de cette Assemblée, en la trompant tour à tour dans ses velléités saines de Monarchie et dans ses velléités malsaines de République.

Eh bien ! après ?

Quelle différence peut-on établir entre ce pouvoir qui se croit debout et le pouvoir de Bonaparte, qu'on estime assez généralement tombé ?

Mais c'est exactement la même chose.

On dit que ce pouvoir a sauvé l'ordre matériel.

Bonaparte ne l'eût pas moins sauvé.

Ce pouvoir a entamé le territoire.

Il est assez généralement admis que Bonaparte l'eût un peu moins entamé.

Ce pouvoir a exécuté des variations sur la chanterelle des emprunts.

Ah ! ah ! ombres de M. Achille Fould et de M. de Morny, Dieu et le diable savent combien cette musique vous était familière, et comme au lieu de quarante milliards, vous en auriez certainement manipulé plus de cent, étant coutumiers du fait.

Bonaparte n'avait pas d'alliés en Europe, Bonaparte caressait l'Italie qu'il avait faite, et ne se défiait point de la Prusse qu'il avait laissé faire.

Eh bien ! où donc est la différence ?

Bonaparte s'était fait *mettre dedans* par M de Bismark et mettre dehors par la suite ;

Que faisons-nous donc autre chose ?

Nous avions un dictateur incapable, qui était en même temps un sot.

Nous avons un dictateur incapable qui est, dit-on, un homme d'esprit.

La peste soit de l'esprit quand la forte droiture du sens, la hauteur des vues, le sérieux du caractère et l'abnégation de soi ne s'y affirment que par le manque.

Et qu'est-ce donc que notre chef du provisoire, si, après avoir battu en brèche pendant vingt ans la politique impériale, il se borne à en reproduire servilement toutes les œuvres et toutes les manœuvres ?

Hélas ! il en obtient les mêmes résultats, et, de même que le monarque impérial s'est vu chassé par un vieux dauphin tricolore, voilà le monarque devenu gris menacé par le dauphin rouge.

Où voit-on la République, s'il vous plaît, en ces heureux agissements ?

Nulle part, parce qu'il n'est jamais possible de constater ce qui n'est pas.

Or, la République est un mot absolument creux, absolument vide, absolument étranger à toute substance ; et le spectacle que nous voyons s'étaler à nos yeux c'est encore la monarchie, mais c'est la monarchie en ses perversités toutes vivantes, la monarchie de coups de main, et non la monarchie de droit sévère; c'est la monarchie oppressive, tyrannique au premier chef, dictatoriale, marchant à pas de géant sur la pente qui mène aux forfaits, puis aux expiations affreuses.

Le monarque impérial nous a traînés à Sedan.

Le monarque aéronaute du 4 septembre nous a menés à cent désastres couronnés par un premier acte de démembrement.

Le monarque académique, le Roi gris, nous a donné sur les plages de Trouville une leçon de tir aux moineaux, pendant que les rois s'entretenaient discrètement à Berlin.

Achevons de parler du Roi gris, en attendant que nous lui demandions des renseignements sur l'enfant de ses entrailles, sur le bien-aimé, sur le successeur, sur le dauphin rouge, dont il nous condamne à subir les menaces, et qui tombera comme son père, après s'être élevé et avoir vécu comme lui.

Et finisons-en une bonne fois avec ces monarques interlopes, ces Rois de bureau ou de brasserie, qui ne sont pas moins une offense à la monarchie, qui est une réalité salutaire, qu'à la République, qui est un agréable rêve, tant qu'elle ne dépasse pas les justes frontières de la rêverie.

II.

Châteaubriand, qui était plus encore un ingénieux écrivain qu'un vrai et vigoureux homme d'État, a dit quelque part en ses *Mémoires d'outre-tombe* :

« Il y a des chances pour que M. Adolphe Thiers devienne un grand ministre ou reste un brouillon. »

On conviendra qu'avec des appréciations aussi élastiques et une aussi sage mesure dans l'affirmative, on ne risque pas au moins de compromettre l'autorité d'une sentence.

Quoi qu'il en soit ou qu'il en ait jamais pu être, il est certain que Châteaubriand avait parfois l'enthousiasme facile, il est peut-être permis de dire irréfléchi, et que ses décisions ne sont pas toujours marquées au signe d'une sévérité qui permette au moins d'y préjuger une parfaite bonne foi.

Ses appréciations sur *Buonaparte* ne nous plaisent point absolument, parce qu'elles sont en même temps brutales et insuffisantes.

Son livre : *De la Monarchie selon la Charte* est une véritable rapsodie, une complainte sur un air connu et certainement apprécié en 1820, mais qui ressemble un peu pour nous aux carriks gris et aux bottes à revers jaunes qui constituaient la haute élégance du temps.

Quand nous lisons ces choses-là, en effet, nous demeurons stupéfaits que des esprits lettrés et brillants aient pu jamais prendre plaisir à pousser des sons de ce caractère dans de semblables clarinettes.

Revenons à notre Roi gris. Châteaubriand ne l'aime pas ; on dirait presque qu'il en a peur ; on dirait presque qu'il l'envie. Quand il le raille, c'est avec une réserve craintive ; il a beau comparer M. Thiers monté sur la Révolution de Juillet à un singe assis entre les bosses d'un chameau, il éprouve le besoin de ne pas se croire lui-même, et quand il se demande avec émoi s'il y a dans son jeune et peu intéressant rival l'étoffe d'un grand ministre... il doute; il avoue qu'*il y a des chances*... et à moins que *ce ne soit qu'un brouillon !*

Eh bien ! non, très-excellent et très-poétique vicomte, il n'y avait rien qui pût jamais faire supposer en M. Thiers votre jeune émule, devenu notre vieux Roi gris, l'étoffe dense d'un grand ministre, ou l'étoffe changeante d'un brouillon.

Un grand ministre est celui qui a une foi, un amour, une force féconde. Le grand ministre est celui qui se voue à quelque chose qui n'est pas lui, à une gloire qui n'est pas de lui, à une œuvre qu'il manipule *con amore*, et dont il laisse après lui le monument. Suger était un homme de foi, d'amour, de fécondité. Il aima une œuvre, il l'épousa, il lui fit des enfants et les éleva selon Dieu.

Il en fut de même du grand Louis XI; il en fut de même de Sully; il en fut de même de l'immortel Richelieu; il en fut de même du plus immortel Mazarin; il en fut de même de Colbert; il n'en fut pas autrement de l'autre Richelieu, de cet admirable duc contemporain de Châteaubriand, qui n'eut qu'un tort à nos yeux, celui de déserter la couche nuptiale avant l'heure de la fécondité. Il en eût été de même de Villèle s'il y eût eu chez cet excellent ouvrier, avec l'amour de l'œuvre, le sentiment intrépide de la défense. Mais quoi !... en ces tristes temps déjà si loin et si près encore, les Richelieu s'en allaient toujours, quand il eût fallu qu'ils demeurassent, et les de Villèle ne revenaient pas quand il eût fallu qu'ils revinssent !...

Pourquoi?... Nous ne voulons ni le dire, ni le savoir, ni même le demander à la mémoire de Châteaubriand.

Paulo minora canamus.

III.

Revenons à notre Roi gris épluchant ses noix et se grattant le flanc gauche entre les bosses de la Révolution de Juillet.

Non, il n'y avait en M. Thiers rien qui pût faire supposer un grand ministre, parce que M. Thiers n'a jamais cru à rien qu'à sa fortune, jamais aimé rien que sa personne, jamais fécondé autre chose que l'influence ennemie ardente à le dévorer.

Est-ce à dire que M. Thiers fût un brouillon?

C'est un point que nous ne saurions accorder à la mémoire de Châteaubriand.

Le brouillon est celui qui se jette à corps perdu dans les mêlées, qui s'y éprend un peu de tout, y fait un peu de tout, y abandonne ce qu'il ébauche, s'y raccroche à ce qui ne tient plus, y marche sur les fondrières ou pieds nus sur les charbons, tente toutes les aventures, triomphe sans savoir pourquoi, tombe sans qu'il y ait de sa faute, s'arrête quand il faudrait qu'il marchât, marche quand il faudrait qu'il prît haleine, parle quand il faudrait se taire, et se tait quand il serait bon qu'il se fît entendre ; croit à tout sans fermeté de croyance, aime tout sans intelligence d'amour, et laisse à toutes les broussailles un morceau de sa ruine.

Tel est le brouillon, ou l'étourdi si l'on veut, et certes ce n'est pas à M. Thiers que peut s'adresser ce reproche, car il ne fut jamais au monde un homme dont toute l'existence présentât plus que celle de M. Thiers un parfait caractère d'unité, de nécessité, de destinée homogène, de fixité dans le retour incessant à l'empire de ses dominantes.

Qu'a souhaité en effet M. Adolphe Thiers depuis le jour où il quitta la bonne ville d'Aix, en Provence, où l'on fabrique de si bonne huile, pour venir mettre la griffe de la raison sociale Thiers et Cie sur le dôme de l'Institut ?

M. Thiers était né pauvre, et il avait ambition d'être riche ; M. Thiers était né obscur, et il avait ambition d'être célèbre ; M. Thiers était né pour obéir, et il avait ambition de commander.

Eh bien ! où voit-on que, dans cette triple et dévorante action vers un but tout personnel, M. Thiers se soit jamais écarté jusqu'à devenir un brouillon ?

Nulle part, et c'est avec la plus parfaite fermeté de caractère que M. Thiers s'est tenu le même dans sa passion constante et pas le moins du monde déréglée d'être riche, d'être illustre et de commander. C'était sa légitimité sans doute, et il s'y est tenu avec fermeté, avec sens, avec esprit. Dès le premier jour son destin s'affirme et sa première halte est à la Banque. Il la prend par les sentiments; il y met le pied en même temps que la main, et le voilà riche à jamais. Ici pas d'aventure, pas de déréglement, pas de brouillonnerie, pas d'étourderie ; sa vie est forte et bien assise, c'est un ministre on ne peut plus grand dans le gouvernement de ses propres avantages, et ce n'est pas un brouillon.

Il en est exactement de même de son besoin d'être illustre. Être illustre, pour ceux qui vivent en effet de cette chair, qui s'enivrent de ce nectar, c'est plaire à la foule, c'est être applaudi en opérant avec esprit le placement de ses ouvrages dans l'officine de messieurs les libraires. Or, qui s'entendit jamais mieux que M. Thiers à ces petits secrets de l'illustrerie ? Être à côté de tout afin de ne froisser personne ; au-dessous de tout afin de soulever les masses ; parler congé aux écoliers, morale aux bonnes mamans, petit bleu aux gaudrioleurs, République aux étudiants, libéralisme aux bourgeois, chou aux chèvres, mouron aux serins et chenevis aux linottes; effleurer tout à cause de la nature des cerveaux dont on convoite le suffrage, traduire en un mot pour le vulgaire les évangiles du vulgaire, ériger les crimes de l'histoire en vertus pour les tribuns, en héroïsme pour les soldats, en croyances pour la canaille, en un mot se mettre au service de tous les instincts les plus petits, les plus désordonnés... Avec cela on devient facilement illustre, quand on fait de la politique et de l'histoire comme Rétif de la Bretonne et Alexandre Dumas faisaient de la littérature... et vite on devient un illustre, comme on est devenu un riche ; mais on n'est pas un brouillon, on n'est pas un étourdi, car on va droit dans sa route, et sachant ce qu'on a voulu, on sait ce que l'on obtient.

S'agit-il de commander cependant, de se montrer, de faire le capable ?... de dire : Je ! de prendre des airs... *pro digito monstrari ac dicier hic est !* Eh ! bien, l'Académie n'est-elle pas là pour un coup, et au besoin pour plusieurs ?...

Et quoi donc de plus simple que de gouverner, dans une pauvre corporation de lettres, qu'il est toujours facile de transformer au gré d'une fantaisie dominante, dès qu'à travers les habiletés peu scrupuleuses d'une longue vie, on a su y introduire peu à peu ses clients, ses subalternes ? — En matière de cet ordre-là, nous avons presque dit de ce désordre, c'est le premier pas qui marque, et l'on ne peut pas même dire qu'il coûte, puisque la première maille entamée, la première porte ouverte sur un pur faquin sans talent et sans caractère, est en même temps une porte fermée sur toute vérité d'intelligence, de talent et de caractère.

On va s'écrier sans doute que des *capitaineries* de cette nature là n'ont rien d'enviable ou de digne de considération...

Ce n'est pas nous qui dirons jamais le contraire et déclarerons enviable le fait de commander en des lieux où l'on a eu le soin, par mille ruses, de faire pénétrer sa livrée.

En ces matières, le beau, le noble, le juste, le légitime, c'est de régner fraternellement à côté de ses pairs et non de régenter des serviles.

Mais, là encore, on est un infatué, on est un génie sans relief, étant sans foi en sa valeur propre, mais on n'est pas un brouillon, on n'est pas un étourdi.

Dans l'ordre donc de la richesse acquise, de l'illustration conquise, du commandement imposé, tout est bien, tout est licite, et rien qui sente le brouillon ; c'est l'histoire de tous les jeunes gens spirituels qui, s'étant élevés par un bon mariage, en maintiennent l'avantage en l'accroissant ; des auteurs adroits qui vendent bien l'orviétan de leurs productions populaires, à la grande joie de leur libraire ; des dominateurs de salon qui portent le trouble et le désarroi dans les compagnies où l'on a commis la faute de les admettre, sans avoir su s'y armer contre l'indécence de leur tyrannie.

Mais, nous le répétons, tout cela, au demeurant, est licite, et il n'y a rien à en dire, ni pour louer avec excès *le trop ordinaire* de ces choses ou s'en irriter mal à propos.

Non, pour tout ce qui est de la passion, de l'amour de ses petits triomphes personnels, de son besoin d'être riche, illustre et impérieux, M. Thiers n'est pas un brouillon.

Jugeons-le donc maintenant en cette qualité de *grand ministre* pour laquelle il semblait *avoir des chances*, selon M. de Châteaubriand, et demandons-nous enfin si cet homme, le plus habile des hommes, le moins brouillon de tous les hommes dès qu'il s'agit d'être riche, d'être illustre et d'être maître, n'en serait pas tout bonnement le dernier, le plus naïf, le plus gobe-mouche, dès qu'il s'agit d'être autre chose qu'un raton tireur de marrons.

Ah ! grand Dieu... et est-ce assez inouï, assez bizarre de voir un pareil triomphateur, qui se montre depuis cinquante ans un si beau Bertrand *de intentione*, disons même *de jure*, quand il s'agit de maintenir sa richesse et sa suprématie d'illustration littéraire, devenir là, tout de suite, un pur Raton *de facto*, dès qu'il s'agit de donner un démenti à Châteaubriand, et d'aller murmurer aux oreilles des *Mémoires d'outre-tombe :*

Desinit in Ratonem formosus Bertrand superné !

IV.

En politique, en effet, en ces choses d'ordre supérieur où il ne s'agit plus seulement de s'enrichir, de s'illustrer ou de morigéner trente-neuf compères, toujours Bertrand quand il prépare ses exercices, M. Thiers, toujours Raton quand il les termine !

Aussi, voyez le, quand bruit, éclate et tonne une Révolution... pif ! paf ! pouf ! dzing !. . brr !. . patratra ! ce sont les vitres qui se cassent, et tout de suite une petite tête grimaçante qui apparaît vive, alerte, spirituelle, poussant des cris pour qu'on l'entende et qu'on prenne garde à la crânerie de ses allures !

— Eh ! là bas, arrêtez... tournez un peu de ce côté ; ne voyez-vous pas que je suis là... Une Révolution, ça me connaît... une Révolution... elle est à moi comme je suis à elle... Vous qui en avez peur, passez-la moi... que je la fustige ; et vous qui l'aimez, passez-la moi tout de même, je vous promets de la servir !

Pour ce qui est de les fustiger, les Révolutions, M. Thiers y réussit encore ; mais quand il s'agit de se marier avec elles, dame ! elles le mettent à la porte, lui ayant fait observer que le désespoir de Raton est encore plus de son destin que la malice de Bertrand.

Introduisons rapidement les preuves, et tenons au moins, s'il se peut, compte sévère de leur témoignage.

Étonnerons-nous quelqu'un ici en venant dire qu'en 1830 M. Thiers était un tout petit homme de lettres de rien du tout, sachant à souhait se servir d'une plume vive, alerte, facile, docilement et aveuglément tenue à la dévotion du plus lâche, du plus vil, du plus détestable de tous les partis, condamnée à servir un groupe qui, jouant depuis quinze ans *une comédie*, ne pouvait avoir à sa manœuvre que des sujets enrégimentés, des figurants dont le talent allait se faire à la curée de la leçon dont ils s'abreuvaient.

Donc, dès la première heure, M. Thiers appartient à la Révolution. La Révolution l'admet en le comblant ; elle le fait riche, elle le fait puissant ; elle lui donne son secret, elle l'enseigne à se ruer aux choses sans avoir réfléchi sur leur inévitable représaille ; elle l'enseigne à confondre le triomphe d'une personnalité qui s'amuse avec le triomphe d'une idée qui souffre ; elle le fait fat et impuissant, et nous allons voir si jamais le Dieu nouveau a perdu quelque chose de ce double caractère, menti à cet inexorable destin.

Dès la première heure où Louis-Philippe accepte M. Thiers à sa ou à ses manœuvres, tout de suite le *grand ministre* se montre ce qu'il sera toute sa vie, un gagiste zélé sans doute — trop zélé — mais qui laisse trop apercevoir le fier égoïsme de son zèle, et qui, voulant faire le maître, finit par se faire mettre à la porte : *desinit in Ratonem*, etc., etc.

Ainsi fut fait en 1832-33, et plus tard encore, Blaye, Transnonain, Septembre.

Qu'y a-t-il en tout ceci autre chose que ce que nous signalions tout à l'heure : trop de zèle ?

Nous n'avons certes pas ici l'intention de triompher par l'historique des escapades de 1840.

On les connaît trop pour qu'il importe d'en reproduire céans l'histoire.

M. Thiers a fait les fortifications de Paris : trop de zèle ; — M. Thiers a chanté la *Marseillaise* en face de l'Europe dédaigneuse : trop de zèle. Mais pendant que le Bertrand tricolore tirait les marrons du feu à Paris, M. Guizot les épluchait à Londres, pour venir les croquer le lendemain :

Desinit in Ratonem, etc., etc.

Voilà donc le gagiste à bas; nouveau Jonas, il se replonge dans le ventre de la Révolution sa mère, et il en ressort tout armé, pour battre en brèche le pouvoir qui a commis le crime de méconnaître son importance.

Il met le feu à toutes les étoupes ; il se campe à la tête des petits bourgeois, en vue de les mener à l'assaut des gros ; il fait réparer à neuf sa vieille tunique libérale ; il fait signe à ses vieux complices de 1830, et par pure colère contre l'œuvre de Louis-Philippe et de Guizot... oh ! cette fois là, sans doute, ce sera un Bertrand pour de bon... A lui les marrons, à lui la puissance, à lui la haine satisfaite, à lui son vieux roi dompté, à lui la France qui est *centre gauche*... Mais quoi !... horreur ! effroi ! que veut dire !... le voilà nommé ministre; son ministère dure trois heures au bruit de la fusillade ; il était ministre à huit heures, il ne l'est plus à midi ; la République est proclamée ; Lamartine a vaincu le drapeau rouge; Ledru-Rollin est dictateur... ah ! pauvre cher M. Thiers...

Desinit in Ratonem, etc., etc.

Cette fois ce n'est pas lui qui fustige la Révolution ; mais comme il avait eu le soin, depuis 1840, de faire ramener les cendres de son cher Napoléon, le voilà déjà inquiet des solutions qui se préparent.

Et vite il court à l'Académie toute pleine déjà de ses créatures; il est membre de l'Assemblée ; il siége avec les monarchistes puisque la République a commis le crime de le méconnaître et n'a pas voulu de lui pour président ; il donne des poignées de main sans marchander ; il en donne à la Rochejacquelein, il en donne à Berryer, à Changarnier, à Benoist d'Azy, à de Larcy, à Rémusat, à Duchâtel, à Salvandy, à de Falloux, à tout le monde, et il invente la fusion ; il emplit la rue de Poitiers de son souffle académique ; il est burgrave, il est grand prêtre, connétable *in partibus*. Henri V est un bon jeune homme qui fera tout ce qu'on voudra, qui acceptera certainement le drapeau tricolore, une charte-vérité, et qui, après quelques ans d'ennuis, de difficultés navrantes, se hâtera d'abdiquer en faveur du jeune comte de Paris, avec M. Thiers pour régent, pour maire du palais, pour majordome, pour chef des chefs, sinon Roi des Rois !...

Mais quoi !... le coq arrogant de juillet avait compté sans le phénix, le phénix né de *ses cendres*, de ces mêmes *cendres* que !...

Cette fois-là, ce n'est plus Lamartine et Ledru-Rollin qui l'écartent, c'est un commissaire de police qui le ramasse, qui ferme sur lui la porte d'un fiacre, après l'avoir interrompu dans quelque rêve *plein de marrons*, pour l'emmener coucher à Mazas !

Ah ! mais, c'est donc une destinée, un jeu cruel de la Providence ! il les tirera donc toujours et ne les croquera jamais !... Eh ! bien oui, c'est une destinée, et sinon un jeu, du moins une disposition de la Providence : M. Thiers bouleverse l'Europe au profit de M. Guizot ; M. Thiers renverse la monarchie usurpatrice au profit de Lamartine et de Ledru-Rollin ; puis il renverse la République au profit d'un César ingrat, pour qui les marrons vont devenir des truffes, pendant qu'au tireur d'icelles, il ne restera que des poires... d'angoisses !

Horrible ! horrible !

Desinit in Ratonem, *etc.*, *etc.*

Mais les jours se hâtent pour le César, comme ils se sont hâtés pour les autres, et le faux Bertrand est à son poste, comme il y était en 1830, en 1840, en 1848 et en 1851.

Le pauvre Empire, l'Empire fou, l'Empire exhumé des cendres qu'a ramenées M. Thiers ; l'Empire qui a tout abaissé, tout empêché, tout fait descendre à son niveau... voilà l'Empire qui se retrouve en face du démolisseur par excellence, du Warwick *défaiseur* de règnes !

Et pour être bien sûr de devenir à son heure le Bertrand qu'il a résolu être, le voilà qui se cache derrière les Ratons issus de l'Empire, les Rochefort et les Gambetta, et qui les regarde faire, bien résolu à les étriller de la bonne sorte dès que les marrons seront cuits à point.

Il en mangera donc enfin, il en tâtera, il les croquera sur le tard ; et dussent ses vieilles molaires rester dans la pâte ou se rompre sur l'écorce, il va donc croquer à la fin ses marrons de la dernière heure !...

Et vite, le voilà qui met ses gants, sa cravate de cérémonie, boucle sa valise, non sans y introduire les échantillons de ses élixirs, pour s'en aller voir si l'Europe y prendra goût et donnera dans le culte des marrons, en attendant qu'ils soient bons à prendre.

L'Europe lui fait en vain observer que les marrons qu'il convoite ne sont que des marrons d'Inde, un peu durs à digérer ; cela lui est bien égal, pourvu qu'il achève sa tournée et en revienne comme Guizot, en 1840, était revenu de son ambassade de Londres...

O saveurs d'un prochain triomphe !

Voilà Raton-Gambetta noyé dans les flots rouges de ses audaces; Raton-Rochefort prêt à se noyer dans les flots avinés de la Commune ; et une belle assemblée de ruraux, tous ou à peu près élevés à la bonne école, à l'école tricolore de la rue de Poitiers, à l'école de la fusion, à l'école qui sème les petits orgueils pour récolter les grands malheurs...

Décidément il en mangera cette fois; il les aura bien dorés, bien rôtis, bien cuits à point.

Ah ! ah ! il se moque bien de la République cette fois, il se moque bien de la monarchie, il se moque bien des légitimistes, des orléanistes, des impérialistes et des communards...

Ce n'est pas une solution qu'il cherche ; ce n'est pas le salut public qu'il réclame : ce sont des marrons qu'il lui faut. Le pétrole et la Commune menacent de les mettre en charbon, et le voilà qui se rue sur la Commune comme autrefois il s'est à Transnonain rué sur la République.

Et son désir de régner ou, si l'on veut, de *marronner* est si âpre, si exclusif, que le voilà qui adresse à tout le monde les serments que Bonaparte fit à la République, et les serments que Gambetta fit à l'Empire.

Il ne trahira point la monarchie, il ne trahira point la République, il ne trahira personne ; il en donne sa parole d'affamé de marrons, et il ne s'aperçoit pas même que son serment de ne trahir personne signifie expressément qu'il trahira tout le monde, et se sent disposé à étouffer toute énergie, toute foi, tout amour, toute aspiration véhémente sur l'autel sacré des marrons... qu'il demande à manger tout seul ! !

Voyez un peu le glouton !... et que dire, et que penser d'une ivresse de soi qui permet à un petit bourgeois de soixante-seize ans de supposer un moment qu'il va imposer son culte à quarante millions d'âmes irritées, les unes par le plus pur, par le plus parfait, le plus vrai des enthousiasmes, par la notion lumineuse de Dieu, du droit, du Roi, de la patrie ; les autres par une immense illusion d'erreur impérialiste ; les dernières enfin par un déchaînement effréné vers les marrons communards.

Il était donc certain que, juste à l'heure où notre pauvre vieux Roi gris allait tendre une patte violente vers les objets de sa convoitise, hélas !... il allait se retrouver une suprême fois rendu à l'empire de sa destinée...

Desinit in Ratonem formosus Bertrand superné !

Eh ! bien non, monsieur le goulu, non vous ne les mangerez pas, et tant plus vous en approcherez la patte, tant plus un bon coup de houssine vous fera faire un saut de côté, sans rien dire d'une grimace énorme qui vous rend à votre rôle de Raton exaspéré de ne pouvoir être un Bertrand.

Il les tenait cependant, cette fois, du moins il croyait les tenir ; la République proclamée, une Constituante appelée, une seconde chambre bâclée, une vice-présidence consentie, Henri V à jamais écarté, les d'Orléans absorbés, les bonapartistes réduits, les communards corrigés, les pétroleurs amadoués, la Prusse payée, l'Autriche contente, la Russie heureuse, l'Italie purgée à la fois des catholiques et des charbonniers, et l'univers entier venant faire fumer son encens au nez de notre Bertrand, perché non plus sur le dos d'un chameau, mais sur sa montagne de marrons, avec M. de Bismark pour suisse et Gambetta pour enfant de chœur !!!

Ah ! le beau rêve !... le joli rêve !... l'aimable rêve... bien digne d'avoir Apollon Académique pour inspirateur, Clio pour prêtresse, et Terpsichore pour Ménade !...

Cependant, superbe Bertrand, devenu Raton encore une fois — il est à craindre que ce ne soit la dernière — permettez-nous de vous apporter ici une suprême démonstration de votre constante puissance à remuer les marrons dans les cendres, et de votre non moins constante impuissance à les manger tranquillement.

- Vous les remuez, parce que vous avez la patte vive; vous les faites cuire, parce que vous vous entendez assez bien à souffler le feu que vos propres mains ont allumé ; mais vous ne les mangez pas, parce que votre estomac est neutre et, conséquemment, inapte à transformer la vile matière en saine nourriture.

Et comme ici il importe absolument que la leçon soit décisive, nous prions Raton résigné de nous la servir lui-même et d'ajouter ainsi à l'expression de son repentir le juste appoint de sa confession.

Car, au demeurant, bien que, paraît-il, il se résigne à ne pas les manger, sachons donc un peu au moins comme il en prend son parti; comment, en un mot le Roi gris essaie de se consoler des infidélités de son dauphin rouge.

V.

Que disait-il donc en effet, ces jours passés, le digne monarque compromis , à ses juges presque courroucés de la commission de permanence ?

Il proclamait , lui Thiers Ier du nom , parlant en son Louvre ou en son Élysée, qu'il ne voyait de possible que LA RÉPUBLIQUE CONSERVATRICE...

Ah ! ah !... pour un Roi si absolu, au moins c'est de la résignation.

Le texte des feuilles publiques ajoute : « murmures à droite. »

Le Roi, un peu ébaubi, ajoute :

— Si l'on peut fonder la monarchie, qu'on le fasse !

Oh! oh!

Ainsi dut parler Louis-Philippe, le 24 février, à neuf heures de la matinée: Si l'on peut fonder la République, qu'on le fasse, et je me sauve !

Raton, donnant un suprême coup d'œil aux marrons qu'il ne mangera pas, murmure d'une voix docile :

— Mais qu'on ne l'oublie pas, la République est ACTUELLEMENT le seul TERRAIN NEUTRE sur lequel ceux mêmes qui ont des convictions autres qui s'éloigent de ce régime, PEUVENT S'UNIR.

Ce qu'il faut ACTUELLEMENT, c'est l'union. Il faut nous aimer les uns les autres, et nous ne nous aimons pas assez ! (On rit.)

Ah ! nous ne le lui faisons pas dire, à ce Roi gris plein d'aveux naïfs dans ses accès de repentance.

Il doit comprendre assez la valeur des mots qu'il emploie, pour ne pas ignorer que rien ici bas ne se crée que par l'union du masculin et du féminin.

Or écoutons-le donc quand, lui ayant affirmé que monarque est du genre masculin et patrie du genre féminin, il déclare si honnêtement que République est du genre NEUTRE.

Nous ne le lui faisons pas dire.

Mais nous lui faisons observer que ce n'est pas à l'aide du *genre neutre* qu'on relève une nation tombée, et qu'on ne répare pas les grands désastres en en glorifiant les complices.

Nous n'osons pas, en vérité donner carrière aux implacables sarcasmes dont la flamme nous importune ; et le Roi gris se moque trop de nous, avec le regain de ses vieux mots d'il y a vingt-cinq ans, pour que nous trouvions opportun de le lui rendre ; et la République, qui est ce qui nous divise le moins, et les *unions* sur les *terrains neutres*..... ah ! de grâce !..... faire des mots de cette sorte chez une nation qui s'amuse, cela, au demeurant, peut s'admettre, mais qu'on ose les reproduire au chevet d'une nation qui se meurt... cela est souverainement ridicule.

Là, cependant, où nous avons signalé le triomphe de l'abdication, dans le triomphe de l'abnégation, c'est à l'heure où M. Adolphe Thiers s'écrie d'un ton et d'une voix qui ne pouvaient appartenir qu'à lui, et qu'il ne pouvait accentuer que dans la situation extrême qu'il s'est préparée à lui-même :

— Aimons nous ! il faut nous aimer les uns les autres, et nous ne nous aimons pas assez !

Ah ! vraiment... M. Thiers recommande l'amour ; M. Thiers dit : aimons-nous ! M. Thiers dit aux hommes et aux choses qui le menacent :

— Nous ne nous aimons pas assez !

La recommandation est bizarre ; nous nous permettons de la trouver plaisante ; et l'amour étant de soi chose mutuelle, nous voudrions bien savoir un peu à qui M. Thiers adresse cette déclaration, et si elle a ses objets divers dans le passé, dans le présent ou dans l'avenir !

Et cette invite ne nous plaît guère émanée d'un homme qui est connu pour n'avoir jamais rien aimé que ses avantages personnels, les œuvres de son génie âpre à détruire et les conquêtes de sa convoitise, les ruines qu'il a faites et les marrons qu'il n'a pas mangés.

Certes, en invitant vos concitoyens à l'amour, sire Roi gris, vous demandez qu'on vous aime ! Eh ! dites-nous donc un peu, en ce cas, qui vous-même vous avez aimé !...

Que vous avait fait Charles X, quand vous avez dit de lui que vous l'étoufferiez dans la charte s'il y restait, que vous le tueriez s'il essayait d'en sortir ?

Que vous avait fait la duchesse de Berry, dont le nom seul est un fer rouge imprimé sur votre chair ?

Que vous avait fait le duc de Bordeaux, à l'heure où il est à croire que vous n'ignoriez pas les ordres donnés à Dumont d'Urville ?

Que vous avaient fait la duchesse d'Orléans et le jeune comte de Paris, à l'heure où vous les chassiez de ce trône usurpé que leur avait livré votre main révolutionnaire ?

Que vous avait donc fait l'Empire, ce triste Empire dont vous avez chanté les gloires, ramené les cendres, presque divinisé l'oncle et presque couronné le neveu... dont vous poursuivez si bien les nobles œuvres ?

Ah ! ah ! il vous avait fourré en prison ; aussi, ne pouvant le frapper par conviction, vous le frappâtes par vengeance ; et vous n'auriez point incriminé *le cuisinier*, s'il vous eût été permis de vous mêler à *la cuisine*, que vous trouviez si excellente !

Et en étudiant votre vie, sire Roi peu masculin d'une République neutre, toute votre vie, on voit bien à toutes les pages ce que vous avez haï, ce que vous avez frappé, ce que vous avez renversé, ce que vous avez souillé, ce que vous avez sacrifié ; on est un peu moins à l'aise pour y trouver ce que vous avez aimé, ce que vous avez créé, animé, secouru, encouragé. Les œuvres de votre haine, on les voit, on les touche, on les connaît ; les œuvres de votre amour, on les cherche aussi et on ne les trouve pas.

Si fait cependant, on les connaît ; car vous aussi, comme vous avez aimé dans les scandales de l'adultère, vous avez eu une épouse infâme, une épouse haineuse, interlope, dégoûtante de sang, effrayante d'ineptie, qui se nomme la Révolution, et cette mégère vous ayant donné un fils, on estime que c'est lui sans doute que vous invitez à l'amour en lui en offrant vos assurances.

Parlons-en donc de ce fils chéri, de cet aimable DAUPHIN ROUGE impatient de la couronne que vous lui destinez sans doute, mais qu'il se hâte trop, à votre guise, de disputer à vos mains lassées.

Mais, hélas ! que voulez-vous !... en lui enseignant

comme on se révolte contre le droit, contre la loi, contre la patrie, vous lui avez insinué aussi la religion des marrons à manger, même quand on les dispute à l'appétit d'un père. En vous faisant vous même le complice des Anglais en 1830, vous lui avez appris à se faire le complice et l'instrument des Prussiens en 1870 et 1872. Il est donc certainement votre fils, et vous êtes indubitablement son auteur, si en effet, *is pater est quem justæ nuptiæ demonstrant.*

C'est donc à dire que vous êtes moins *neutre* que la République, puisque, sans vous en douter peut-être, vos embrassements avec la mégère de 1792 et de 1830 vous ont gratifié d'un fils, d'un fils impoli et mal avisé, contre lequel nous n'avons point mission de prendre votre défense, mais qu'il nous semble opportun de dénoncer à notre pauvre patrie, qui, après les tristes illusions d'un règne *neutre*, nous paraît cruellement menacée par les réalités d'un autre règne, qui ne voulant pas être *neutre* à la façon de l'atonie, menace enfin d'être *mâle* à la façon de l'agonie dont se réjouit le fossoyeur.

VI.

On nous rendra cette justice, que nous ne portons pas nos coups pour la vaine joie d'arracher un cri de colère au délire des vanités que notre rudesse étonne, que notre sincérité offense.

Notre but n'est pas de les faire souffrir, uniquement de les contraindre à sortir d'elles-mêmes, à secouer leur routine, à voir ce qu'elles n'ont pas vu jusqu'ici, à se faire une idée juste de ce qu'elles ont manqué à comprendre.

Il nous importe peu que cela les dérange. L'offense qu'elles font, le dommage qu'elles infligent à notre patriotisme nous dérange bien davantage, et nous emplit le cœur de larmes certes plus impersonnelles que les larmes de ceux-là qui ne pleurent que sur eux-mêmes.

Le tranchant du glaive est maudit quand il frappe dans l'ombre pour assouvir une haine.

Le tranchant du glaive est béni quand il fait jaillir une lumière et reculer une perversité.

A ce titre, qui donc, en s'irritant de nos coups, pourrait en contester la juste et tenace éloquence ?

Les hommes que nous avons à frapper, nous ne les haïssons ni dans leur chair, ni dans leur esprit, ni dans leurs succès, ni dans les joies plus ou moins sereines de leurs petits enivrements. Nous n'avons horreur que du mal qu'ils font ; et si nous le dénonçons avec une âpreté cruelle c'est dans l'unique but d'en signaler le dommage et d'en empêcher le retour.

Dans le cours des Révolutions dont la marche est incessante, la rotation impérieuse, la transformation successive, pas une période qui n'enfante les hommes dont le caractère, l'enclin, la nature, le génie s'étalent, comme expression de la période ; les hommes qui, ayant servi la période, doivent nécessairement s'écarter d'eux-mêmes des périodes qui ne sont point d'eux, s'ils ne veulent s'en voir brusquement et même brutalement éloignés.

C'est à M. Thiers, homme d'étude et historien, que nous soumettons, aussi humblement que faire se puisse, cette appréciation impartiale.

Les premiers nés de la Révolution qui achève de mourir ont été de superbes sacripans, un ramas d'aventuriers d'avant-garde faisant tapage autour de la chandelle où ils devaient se brûler.

Les seconds nés ont été d'horribles bandits, des assassins lâches et bêtes qui, faisant de la violence pour échapper à la peur, ont à peine su disposer décemment leur tête sous la bascule qu'ils avaient fait jouer pour tant d'autres.

De nouveaux venus ont empli les antichambres et les casernes impériales; d'autres, pour premier breuvage de vie, ont sucé le lait de l'intrigue qui devait préparer leur longue vie aux exercices paisibles des jeux nouveaux qui se devaient affirmer et par *quinze ans* de comédie, et par quarante ans d'*amusette* compromettante autour des raisins trop verts et des marrons tirés du feu pour être mangés par autrui.

C'est donc à la Révolution contenue par la présence virile et honnête de la Restauration, à la Révolution souriante, à la Révolution gantée et cravatée, à la Révolution sournoise, toujours en guerre contre ses propres affirmations, qu'appartient M. Thiers. C'est pour cette période là qu'il est né; c'est dans cette période qu'il a vécu, qu'il a grandi, qu'il s'est usé à reproduire cinq et six fois la même manœuvre, la même démonstration d'impuissance; mais que M. Thiers nous permette de le lui dire, c'est en même temps de la fin de cette période que sa propre fin est venue; et lui, le pétulant vieillard qui aime à porter des défis, nous osons le défier d'infirmer l'appréciation suivante :

De 1815 à 1830, M. Thiers s'est préparé dans les dessous de la Révolution.

De 1830 à 1848, M. Thiers a vécu dans la splendeur contestable, dans la plénitude du génie qui lui était propre.

De 1848 à 1870, M. Thiers a baissé sa petite oreille, rouge encore du camouflet dont il ruminait la vengeance. M. Thiers a dormi, M. Thiers s'est recueilli, M. Thiers a collectionné, M. Thiers a fait le beau à l'Académie, le capable dans les salons, sans faire attention même qu'autour de lui et issue de lui, une génération nouvelle se formait, la vraie et honnête génération impériale, baptisée au 2 décembre, avec M. le général Saint-Arnaud et M. de Morny pour parrains.

Eh bien! que M. Thiers fasse donc attention que c'est cette génération, dont il n'est pas, qui le gourmande, le pousse, le tire, l'importune, et porte une main criminelle à la couronne de sa tête grise!

Mais cette génération impériale, va-t-on s'écrier, cette génération du 2 décembre, qu'a-t-elle donc de plus que M. Thiers pour être en droit de le remplacer?. .

— Ce qu'elle a !...

— Oui, osez enfin nous le dire ! — A-t-elle l'honnêteté, a-t-elle le talent, a-t-elle le génie , a-t-elle la décence publique ou privée ?... Sait-elle penser, sait-elle écrire ?... A-t-elle même le regain des qualités secondaires dont M. Thiers a fait preuve?...

— En aucune façon, s'il vous plait, nous est-il ordonné de répondre, et nous voilà disposés à convenir que cette génération impie et stupide, cette génération ignare, cette génération de gaudrioleurs, de bambocheurs, de saltimbanques dépravés, de héros d'estaminet et de bal publics, cette génération des Raoul Rigault, des Millière, des Vermesch, des Jules Vallès, des Pipe-en-Bois, des Ferré, des Bordone et des Gambetta n'est autre chose que la digne fille de ses pères, l'heureux produit du mariage de la bamboche parisienne avec la bamboche politique, et que M. Thiers est non moins impuissant, non moins désarmé contre cette génération, qu'il ne le fut au 2 décembre contre les soldats de Saint-Arnaud et les commissaires de Morny.

Comment donc !... et M. Thiers s'étonnerait, lui qui reste en dépit de lui-même homme d'esprit, que son dauphin rouge lui cherche noise et s'apprête à passer par les mêmes voies où passa, il y a vingt et un ans, son deuxième père, son modèle, son auteur, son chef de période, son César, son empereur, le maître de son éducation morale, politique et militaire !...

Eh bien ! M. Thiers a tort de s'étonner, car nous devons lui apprendre, s'il l'ignore, que Bonaparte et Gambetta c'est exactement le même homme ; que la situation de ces deux acteurs de la chose publique est identiquement la même en dépit qu'ils puissent en avoir l'un et l'autre, et qu'entre le discours de Grenoble et certain discours du Cirque dont M. Thiers a souvenance, l'analogie est rigoureuse, comme il va être exactement et victorieusement démontré.

VII.

Quelles sont en effet les accusations capitales que toute justice indignée, tout patriotisme gémissant, toute dignité offensée, comme toute rancune des partis fait peser sur M. Louis-Napoléon Bonaparte ?

On lui dit :

Vous avez fait votre renommée par une succéssion d'attentats qui auraient dû être punis et qui ne l'ont pas été.

Vous êtes entré dans les régions du pouvoir avec un masque au visage, et vous en avez gravi les degrés avec la violence pour main de justice et le parjure pour diadème.

Homme inepte en politique, vous vous êtes fait le laquais de toute influence qui tendait à détruire et à déshonorer la France. Vous vous êtes fait jouer par

Cavour, jouer et insulter par Victor-Emmanuel, jouer et détrôner par Bismark.

Chef militaire battu, vous vous êtes rendu à la tête de cent mille hommes et sauvé, ne songeant plus qu'à préserver votre peau et à placer vos économies.

Voilà bien, ce nous semble, le bilan du chef de l'Empire acclamé par quatre plébiscites, supporté par l'Europe pendant vingt ans et trahi par *la fortune*, comme disent les benets, c'est-à-dire détruit, broyé, pulvérisé par l'inexorable conséquence des œuvres de toute sa vie.

Eh bien ! et vous, M. le *dauphin rouge*, altesse royale de la monarchie communarde, croyez-vous qu'il faille une dialectique bien serrée pour démontrer que, fils de l'Empire, heureux lauréat de l'éducation impériale, insurgé des insurgés, chef d'émeute contre le serment prononcé par votre bouche, vous n'avez été, n'êtes et ne serez jamais qu'un Bonaparte d'estaminet, lié à jamais au maître que vous avez trahi, lié par la communion du parjure, la communion de la violence et la communion des désastres infligés à une déplorable patrie, désastres confirmés par une paix infâme et la honte d'un démembrement?

Mais les crimes du héros du 2 décembre vous les avez tous reproduits, depuis le premier jusqu'au dernier, avec surcroît, avec augment, avec luxe.

Qui donc met en vue Bonaparte?

Strasbourg et Boulogne, deux ivresses d'audace à demi punies, mal à propos pardonnées.

Qui donc met en vue Gambetta ?

Une première audace, non d'épée, mais tout bonnement de robe, insulte brutale et grossière prononcée en Cour d'assises, en face de juges surpris, de magistrats hallucinés, que leur propre *éducation* condamnait sans doute à ne plus se souvenir qu'ils avaient à préserver l'honneur et la dignité de leur maître.

Bonaparte n'a pas tenu le serment qu'il avait fait à la Constitution républicaine.

Mais comment donc M. Gambetta a-t-il tenu le serment librement engagé envers la Constitution impériale ?

Bonaparte s'est fait battre à Sedan et s'est sauvé à Vilhemshoë !

Mais Gambetta s'est fait battre dix fois, toujours loin de la bataille, et les armes de Gambetta n'ont eu de lustre que celui que leur ont prêté le royalisme et le catholicisme des soldats de Charette et de Cathelineau !

Et pour bien faire le pendant avec Bonaparte en retraite sur Wilhemshoë, voilà notre Gambetta en retraite sur Saint-Sébastien, et les Pyrénées ne sont pas trop hautes pour préserver ce *campéador* des chiquenaudes de Bismark et de la colère grondante des ruraux !

Mais si par ses audaces peu compromettantes, par la moralité de ses actes, par l'issue de ses conceptions, par le bonheur de ses réussites Gambetta est exactement le même homme que Napoléon III, étant un produit du règne, un enfant de la période, voyons donc un peu, les deux passés mis en équilibre, à quel avenir nous condamne, quelle fortune nous laisse entrevoir et espérer l'aimable gredin de Grenoble, ce méchant diseur de sornettes plus infatué qu'Ollivier, plus creux que le creux Rouher, et qui se montre encore plus Bonaparte par ce qu'il prépare, que par ce qu'il a pu accomplir!

Car, au demeurant, on s'imagine bien que nous n'allons pas prendre la peine de discuter ici les inconcevables lieux communs que ce *fort en thème* de barreau, ce Fontanarose méconnu, vient de dégoiser à Grenoble; et ce serait une pitié que de toucher même à ces loques et à ces haillons, à ces maillots et à ces paillettes dont se revêt un *amuseux* à la porte de la barraque, pendant que sa pauvre âme toute nue, sa pauvre intelligence toute creuse et son pauvre savoir absent sont là nous invitant à diagnostiquer leurs dartres, leurs abcès, leurs tumeurs, leurs tubercules et leurs déchirures; et il faut bien avouer ici que ce n'est pas ce que dit M. Gambetta qui nous inquiète, c'est à ce qu'il pense que nous devons nous attacher; c'est ce qu'il prépare que nous avons mission d'étudier et de connaître.

Et quand nous insistons sur la parfaite identité de valeur morale, intellectuelle, spirituelle entre Bonaparte et Gambetta, entre l'empereur parjure et le député parjure, insistons implacablement sur l'identité de fortune comme sur l'identité de résultats acquis ou à acquérir.

Qui donc ignore aujourd'hui que tout le mystère de l'exaltation de Bonaparte, comme le mystère de sa chute, appartient purement et simplement aux annales des sociétés secrètes? Qui donc ignore que ce sont eux, charbonniers et franc-maçons, qui ont mis en avant cet imbécile, comme ils disaient en ce temps-là, afin qu'il leur ouvrît les voies, ou qu'ils le tuassent comme un chien sur les portes qu'il se refuserait à leur livrer.

N'est-ce pas là l'histoire de toute sa vie, et peut-être, hélas! du peu qui lui reste de jours, de conspirations à tramer, de crimes à commettre et d'expiations à subir?

Et qui donc en même temps ignore que si Bonaparte a été le jouet de l'Italie et la victime de la Prusse, cela provient uniquement de ce fait qu'Italie révolutionnaire et Prusse protestante étaient les deux têtes mystérieuses de la diabolique ligue qui menace les rois et les tue dès que, s'étant livrés à son étreinte, ils tentent de lui échapper?

Que n'a donc pas fait Bonaparte pour la sainte ligue du libre-athéïsme, du libre-blasphème et du libre-assassinat?

Il a fait tout ce qu'on lui a commandé de faire : il a détrôné les rois italiens; il a bêtement offensé la Russie, frappé l'Autriche à la tête, enveloppé la France d'ennemis, détruit le Pape et la religion; puis, son heure venue, le chef des maçons d'Allemagne l'a attiré dans un piége et lui a rompu les deux jambes, à l'applaudissement effréné de la meute aboyante des charbonniers et des maçons.

Donc Bonaparte est tombé, donc Bonaparte a perdu la France, parce que cet homme insensé n'a jamais été libre de ne pas être à la fois un complice de malfaiteurs, en attendant qu'il en devînt la victime.

Complice de Cavour, complice de Bismark, empoisonné par l'un, détrôné par l'autre, tel se montre Bonaparte ; et l'on s'imagine que ce malheureux a été le maître de la France !... Non, il n'a été que le jouet des ennemis de la France et leur esclave, comme il est aujourd'hui leur bouc émissaire en même temps que leur espoir. Pourquoi ?... parce que n'ayant ni esprit, ni jugement, ni talent, ni foi, ni honneur, ni force à leur opposer, ils ont fait de lui ce qu'ils ont voulu, le couronnant pour s'en servir, et le découronnant, le jour venu, pour se couronner à leur tour de ses crimes et de ses sottises.

Eh ! bien, ô jeune Léon Gambetta, remarquez donc, si faire se peut, que toutes les énonciations ci-dessus produites ne s'appliquent pas moins à vous qu'à votre maître, dépositaire des serments que vous lui avez engagés. Comme lui vous êtes un homme sans esprit, sans jugement, sans talent, sans caractère, sans honneur, sans force morale. Comme lui vous êtes esclave, comme lui vous servez, comme lui vous serez châtié. Comme lui vous êtes un instrument que la charbonnerie italienne a fait esclave, que la maçonnerie germanique fait danser à son loisir, l'avouant quand il est docile, le rouant de coups quand il fait le drôle et tend à s'émanciper.

Ainsi fut fait au 4 septembre. Sans votre intervention stupide et lâche, le déplorable Bonaparte une fois écarté du champ de manœuvre, l'agression prussienne n'avait plus de raison d'être ; Bonaparte restait couvert d'opprobre, et l'empire condamné ; mais si vous n'aviez pas été là pour légitimer en quelque sorte la furie noire du roi Guillaume et de ses gens, la paix se faisait tout de suite, et l'Europe fût intervenue si elle n'avait eu horreur et dégoût d'intervenir en faveur de vous et de votre bande.

Et croyez donc bien, triste aventurier que vous êtes, que Bismark, beaucoup plus votre complice que votre ennemi, n'eût pas même fait à votre félonie l'honneur de la prendre au sérieux, et eût laissé vos ambassadeurs à sa porte, s'il n'eût eu ses petites raisons, le bon sire, pour vous faire l'honneur de vous rosser comme un personnage.

Bismark voulait un prétexte à ruiner et à dépecer la France, et vous le lui avez fourni.

Vous vouliez un prétexte à marchés et à fournitures, et vous l'avez pris.

Donc vous avez été son complice, comme il a été le vôtre. Grâce à vous, il a pris l'Alsace, la Lorraine et cinq milliards. Grâce à lui, vous avez fait votre rôle et pris ce que vous avez pu... peu ou prou, ce n'est notre affaire, et point n'avons à flétrir ou innocenter les audaces de votre *contentieux*. Au demeurant, ayez donc à titre d'audace celle de convenir que si, en 1870, vous avez joué le jeu de Bismark ; si une fabuleuse ineptie -- que nous voulons bien supposer telle de votre part — coûte à la France vingt milliards et deux provinces, il n'est rien au monde qui puisse nous empêcher de jeter à votre face échauffée cette inexorable alternative :

Ou vous êtes le plus abominable scélérat que jamais ait porté la terre si vous avez agi par calcul ;

Ou vous êtes le plus ignare, le plus méprisable faquin qu'il soit possible de tympaniser si vous avez agi par sottise.

Car, au demeurant, ou vous êtes le jouet de M. de Bismark comme l'ont été Bonaparte, Bazaine, Jules Favre et tant d'autres .. auquel cas il importe que l'Assemblée qui a l'honneur de vous compter parmi ses membres vous fasse enfermer aux petites-maisons ;

Ou vous êtes encore le complice conscient et diabolique, non plus seulement des ambitions, mais des frénésies et des désespoirs d'un victorieux d'hier qui aujourd'hui se sent mourir ; auquel cas si l'Assemblée manque à vous traduire devant les juridictions compétentes, et ce dans les quarante-huit heures, elle achève M. Thiers, elle se suicide elle-même, et elle couronne le DAUPHIN ROUGE, en attendant la perte de vingt nouveaux milliards et le démembrement, cette fois absolu, de la France.

Ah! misérable que vous êtes!... et quel n'est pas l'entêtement de pitié qui nous domine, si nous vous faisons cette concession énorme, que nous aimons mieux croire encore à votre inimaginable simplicité qu'à une scélératesse invétérée qui n'est pas encore peut-être des temps que nous traversons.

Eh ! bien, en ce cas, enfant terrible et bruyant, gaudrioleur dénué de savoir, dénué de réflexion, écoutez-nous jusqu'au bout, et jugez un peu vous-même la pente où vous vous laissez entraîner.

Avouez que, dans votre cas d'hier, l'Internationale a été pour quelque chose ; et que ces messieurs-là vous ont parlé, comme Cavour à Bonaparte en 1854, à Plombières, comme Bismark à Bonaparte en 1865, à Biarritz.

Votre bon grand père le Roi gris vous faisait toute sorte de mamours. Lui si *sage* en 1830 et en 1848 vous invitait à *la sagesse* ; il vous prêchait la *conservation*, l'ordre, la retenue ; il vous promettait d'écarter de votre tête les foudres de M. d'Audiffret-Pasquier ; il vous faisait envisager... un portefeuille, non de la guerre, un fauteuil à l'Académie, enfin tous les avantages, les bons points et les accessits que promet une conduite régulière...

Vous incliniez certainement à vous laisser faire une douce violence ; vous ne détourniez qu'à demi votre regard troublé des agaceries de MM. Casimir Périer, de Broglie, Duchâtel... et tout à coup, patatra !...

Allons, allons, convenez-en, l'Internationale a passé là ; l'Internationale vous a commandé d'aller en avant, et comme Bonaparte à Solférino, vous avez voulu faire le crâne.

Mais quoi ! qui donc ignore que l'Internationale et la maçonnerie, c'est exactement la même chose ; et que toute cette bande est une bande dont M. de Bismark et le roi Guillaume sont les capitaines?

Et vous imaginez-vous que c'est vainement que l'Internationale s'est montrée faisant sa parade à la Haye pendant que les rois étaient à Berlin ?

Apprenez-le donc, double insensé, si vous ne le savez pas, l'Internationale est le spectre non tricolore que M. de Bismark agite devant le front armé des rois pour détourner leurs colères qui le menacent de plus en plus.

Si l'Internationale n'existait pas, M. de Bismark l'inventerait. Il s'est fait *continuer* à Berlin dans ses fonctions de haut justicier de l'ordre. L'Internationale est donc tout pour lui ; sans l'Internationale il n'est plus ; l'Internationale est sa cause, l'Internationale est son malade; et s'il gagne trop vite sa cause, adieu les émoluments ; s'il guérit trop tôt son malade, adieu les visites !

VIII.

Le travail souterrain qui se fait en Europe est d'un intérêt immense, et, quand on s'y mêle, la première condition, ce nous semble, c'est de ne pas jouer un rôle de dupe, et par suite, de brûleur de sa propre maison, d'égorgeur de ses propres frères.

Or, il faut vous le répéter, pauvre homme, vous êtes en ce moment moins un *dauphin rouge* qu'un *pantin rouge* dont M. de Bismark tient les ficelles, toutes les ficelles.

Arrivez au pouvoir au prochain jour, avec le joli programme de vos discours de Grenoble, et le lendemain les Prussiens rentrent en France comme la foudre, parce que M. de Bismark éprouve le besoin de continuer à duper l'Europe, et d'effacer les soupçons terribles qu'il inspire, les animosités qui le menacent jusque dans la cour de son maître. Le rôle de M. de Bismark cloche, et il a besoin de se remettre en scène. Les buts de M. de Bismark s'éloignent, et il veut faire de leur côté un pas suprême.

Il en résulte que, loin que vos incartades lui déplaisent, elles lui sont nécessaires; il en a besoin pour prendre de nouvelles provinces, d'autres milliards à la France et, dans la stupeur des événements, nous ramener Bonaparte, ce qui est son idéal, en finir avec la papauté, ce qui est son autre idéal; et une fois toutes ces belles œuvres accomplies, finir par une hécatombe de républicains et de communards, dont vous serez le héros, si vous ne vous sauvez une fois de plus de l'autre côté des Pyrénées.

Donc pour ce qui est de l'heure présente, M. de Bismark achève de vous déshonorer; il use de vous comme d'une poupée, comme Louis-Philippe usait de M. Thiers en 1840; et le lendemain du triomphe de son infatigable idée, il vous livrera à Bonaparte, lequel vous fera fusiller sans miséricorde, vous et tous les godelureaux et tous les traîtres qui vous ressemblent.

Voyons, M. Léon Gambetta, la France – une pauvre innocente s'il en fût jamais — a pu croire un moment que vous étiez un héros destiné à triompher de Bismark, quand en réalité vous n'étiez qu'un pur sauvageon issu de la souche bonapartiste, qui ne songiez qu'à triompher de la misère.

Eh bien ! vous avez été servi à souhait. Ne poursuivez donc pas ce jeu. A quoi cela vous servira-t-il de ramener les Prussiens à Paris, à Lyon, à Bordeaux, à Marseille ?

Vous imaginez-vous que vous les vaincrez, n'ayant aucune sorte d'alliance en Europe que celle des interlopes et des bandits que vous promet l'Internationale, et qu'elle ne vous donnera même pas?

Ah ! oui, je sais, je vous entends ; et si, au lieu d'être le plus effronté des bandits, vous êtes tout simplement, comme Bonaparte, un incapable méconnu, vous allez vous écrier que le signal que vous donnerez sera celui du soulèvement de la Révolution européenne ; qu'au jour où vous sonnerez le tocsin de votre voix redoutable, les esclaves briseront leurs chaînes pour en frapper le front des tyrans ; qu'au même jour et à la même heure, Paris, Rome, Berlin, Vienne, Pétersbourg, Madrid arboreront le drapeau rouge et décréteront sans crier gare les *Etats-Unis d'Europe*, la commune universelle, la liberté, l'égalité, la fraternité, la...

Allons, allons, remettez-vous. On connaît cette guitare, et c'est un vent familier qui, descendu de la montagne, a rendu fou plus d'un Gastibelza républicain trop amoureux de *cette dame*.

On veut bien croire que vous en jugez de la sorte, et c'est un soulagement pour le cœur d'avoir à reprendre une naïveté sans nom là où l'on redoutait de comprendre l'horreur d'un forfait sans exemple.

Il y a des gens en France qui redoutent que M. Gambetta ne soit de la race des Marat, des Carrier ou des Couthon.

Nous espérons qu'il n'en sera rien, le jeune Florentin de Cahors nous paraissant beaucoup plus destiné à jouer sur les planches de la vie publique les Emmanuel Arago que les Blanqui ou les de la Hodde.

Sans doute, c'est un Emmanuel Arago repeint, restauré, rapiécé, remis à neuf ; mais la substance est la même, une immense frivolité dans un tonnerre de sons creux ; tout un déluge de menaces vaines entrelardées d'attitudes qui sentent la planche, de lieux communs qui sentent le petit verre et le carambolage.

Nous croyons donc que la scélératesse de M. Gambetta ressemble un peu à son héroïsme : il y a lieu d'en rabattre.

Toutefois comme, à l'arrière du *pantin rouge*, il y a la main qui en fait jouer les ficelles, nous ne saurions trop mettre les honnêtes gens, et tout particulièrement les Républicains avouables, en garde contre un si déplorable faiseur de bruit, contre ce piètre *dauphin rouge* qui va renverser d'un coup de nagcoire toute la pauvre petite besogne du pauvre vieux *roi gris* son grand père, donner des coups de pied dans ses châteaux de cartes, des coups de coude dans ses illusions, vider d'un trait sa tire-lire et disperser ses économies.

Non pas certes que la royale besogne du monarque *grisonné* nous semble, en quoi que ce soit, digne d'estime, puisque pour nous c'est précisément le genre *neutre* dont M. Thiers se glorifie qui mène à l'affirmation positive de quelque épouvantable catastrophe, cela étant indéniable que ce sont les illusions décevantes du *roi gris* qui ont permis et motivé la rentrée en scène du *dauphin rouge*. Donc il importe d'écarter la dynastie, toute la dynastie, si l'on ne veut livrer de nouveau la France à l'implacable ennemi qui s'est fait de *la dynastie* le piédestal de ses projets et la raison de ses triomphes.

Bonaparte est tombé dans le sang, dans l'opprobre.

Mais si, en effet, sa catastrophe ne fut que la conséquence certaine de ses énormes erreurs, de ses petitesses, de ses absences, où veut-on que nous mènent les comparses de son règne qui en poursuivent et en reproduisent fidèlement toutes les pratiques démoniaques? Et si Bonaparte fut mauvais, nous ne devons pas laisser la France entre les mains des apôtres de son idée qui ont trahi sa personne, et dont l'épaule plie encore sous le bâton qui a frappé l'empire.

Or M. Thiers, notre *roi gris*, a été toute sa vie un Bonapartiste déguisé. M. Gambetta, *dauphin rouge*, est un produit de l'Empire, traître à l'Empire, inféodé à l'Empire, et ne pouvant faire un pas sans appeler sur sa fesse rouge les verges qui ont battu l'Empire.

Séparons-nous de ces hommes-là, si nous voulons cesser d'être joués par M. de Bismark et démembrés par cette même entente de la Prusse et de l'Italie, qu'un autre *apprentif-dauphin*, estimait, il y a douze ans, si heureuse pour la France et son avenir !

Nous concluons d'une façon suprême que, hommes et choses, œuvres et manœuvres, Thiers et Gambetta, le bon Bonaparte et les ingrats qu'il a faits ; Voltaire-About, rouge ou tricolore, tout ce qui est de la révolution est pour la France le déshonneur et la mort prochaine, la ruine et la fin des temps.

Poitiers. — Typ A. Dupré

Or M. Thiers, notre [illegible], a été toute sa vie un bonapartiste déguisé. [illegible] au début de l'Empire, [illegible] à l'Empire [illegible] à l'Empire qui ne pouvait être [illegible] [illegible] rouge. Les [illegible] qui ont battu l'Empire.

Séparons-nous de ces hommes-là, si nous voulons cesser d'être joués par M. de Bismarck et [illegible] entente de la [illegible] et de l'Allemagne, [illegible] il y a deux ans, [illegible] pour la [illegible]

[illegible] Thiers et [illegible], le Bon Bonaparte et les [illegible] qu'il a faits; [illegible] rouge où ordre; [illegible] qui est le [illegible] la France le [illegible] la ruine et la [illegible]

www.ingramcontent.com/pod-product-compliance
Lightning Source LLC
LaVergne TN
LVHW021713230826
846091LV00006BA/2158